손순자 시집

동두천 아리랑

손순자 시집

동두천 아리랑

시인의 말

2024년 1월 2일 새해 첫 업무가 시작되고 필자에게 처음 걸려 온 전화가 4월 중 '우리가 시를 읽는 이유'로 강연을 요청하는 시립도서관에서였다.

몇 년씩 지속하기 쉽지 않았던 나의 글쓰기 작업도 바닥을 친 것이 아닐까 생각될 즈음 지역작가들의 저서를 모아 시립도서관 1층에 아늑하게 마련된 공간 '지역작가실'은 이후 필자가 긴장을 놓지 않을 수 있는 계기가 되었다.

의무와 책임감으로 동두천에 관한 시를 써야겠다는 생각뿐 사람들의 머릿속에 각인되어있는 기지촌 이미지와 날로 쇠락해가는 내 고장 이야기를 쓰는 것이 쉽지 않았다. 어떤 방법으로든 반전의 기회가 오기를 기대하면서 삶의 질 또한 지금보다 더 낮아지지 않도록 용기를 냈다.

지난 연말 (사)한국예술인복지재단 창작지원금을 받아 다섯 번째 작품집 준비를 하면서 '언덕 위의 하얀 집' 일명(몽키 하우스라 불리기도 함)과 '노르웨이 이동외과병원' 등을 찾아 나섰다. 오래 동두천인으로 살면서도 그런 건물들이 있었는지조차 모르고 살아온 것이 참 한심스러웠다. 말로만 듣던 현장을 찾아가 눈으로 직접 확인하고 사실을 기초로 시를 썼다. 표현은 어줍지만 독자들께 감추고 싶었던 흑역사까지 그 의미를 전달하고자 노력했다. 처음 시 쓰는 사람처럼 필자 나름대로 보은이라 생각했다. 부족하지만 이 시집을 시립도서관 '지역작가실'에 공손히 바친다.

  아내의 병구완 중에도 시의 이해를 돕는 친절한 서평을 써주신 강기옥 선생님께 감사를 드린다.
  다섯 번째 작품집인 『동두천 아리랑』이 이 세상에 나올 수 있도록 필자에게 큰 기쁨과 힘이 되어주신 (사)한국예술인복지재단에 감사드리며 詩라는 청신한 감수성을 지닌 친구와 포옹하며 오래오래 함께 가야겠다.

2024년 2월
샛골길에서 白松 손순자

4 … 시인의 말

목차

12 … 악보 / 손편지를 쏜다

1부 · 동두천 아리랑

15 … 동두천 3.1 만세로
16 … 동두천 아리랑
18 … 언덕위의 하얀 집
20 … 소요산 자유 수호 평화박물관에서
21 … 노르웨이 이동외과병원(NORMASH)
22 … 그 골목길
23 … 동두천 오일장
24 … 동두천 시민정원사 교육을 받으며
25 … 공짜 지하철 타던 날
26 … 김유정 문학촌에서

2부 · 연평도

29 ⋯ 5060, 청춘로드
30 ⋯ 연평도
32 ⋯ 노란 나무대문 집 2
33 ⋯ 걸산동
34 ⋯ 손 편지 쓰는 여자
35 ⋯ 장암 저수지
36 ⋯ 보석 같은 삶
37 ⋯ 우체국이 사라졌다
38 ⋯ 하동 가는 길
39 ⋯ 그 후, 유월
40 ⋯ 악보 / 천은사

3부 · 가을 보문사

43 … 당신을 불러봅니다
44 … 가을 보문사
46 … 갱년기에 길을 묻다
47 … 무작정 눈물이 날 때가 있습니다
48 … 이상설 선생의 유허비 앞에서
49 … 호박꽃
50 … 가끔씩
51 … 아버지의 담배
52 … 김연성 열사 추모비 앞에서
54 … 첫 편지

4부 · 해룡산에 핀 꽃

57 ··· 해룡산에 핀 꽃
58 ··· 잊어버린 그 길
59 ··· 이렇게 좋은 날에
60 ··· 샛골 밥상
61 ··· 신두리 해안에서
62 ··· 곤드레 나물밥
63 ··· 막차
64 ··· 봄
65 ··· 백향과 패션프루트(Passion Fruit)
66 ··· 단풍나무에게

5부 · 쇠목교

69 … 쇠목교
70 … 샛골에 내리는 비
71 … 샛골길에서
72 … 빈집
73 … 빈집 2
74 … 스무 살 젊음에게
75 … 소요산 연가
76 … 돌탑
77 … 오월 편지
78 … 불구하고의 사랑

6부 · 가을

81 … 가을
82 … 카페 안녕
83 … 화지마을
84 … 번지점프를 하다
85 … 상도문 돌담마을
86 … 신망리역
87 … 어수정 작은 도서관
88 … 오래된 연인들
89 … 펌프물을 추억하다
90 … 서툰 사랑

92 … 해설 / 강기옥 시인

손편지를 쓴다

2024. 1. 20
사: 손순자
곡: 홍종덕

이리저리 흩날리는 계절이 되면
창가에앉아 그리운이에게 손편지를 쓴다
분주한 일상에 묻혀지내다보면
흐른 세월만큼 - 정겨운 사람들 추억
의 책갈피를 넘기듯이

소중한 기억 떠듬는 다 어릴적 동무들 선-생님
우주로 떠난 작은아씨 자꾸만 부르고 싶은이름

사랑하다고 사랑하다고 자꾸만 부르고 싶은이름 -
" " 오늘도그리는 편지를 쓴다

1X D.C
2X B.S

1부 동두천 아리랑

동두천 3.1 만세로

1919년 3월 26일
동두천 시장에 모인 일천 삼백여 명이
만세운동으로 시작한 평화의 행진
독립운동의 역사가 살아있는 여기에
백여 개의 태극기 솟아 뜻을 기렸네

거룩한 희생이 후손에게 이어지기를
목숨보다 아끼던 그대들의 태극기가
숱한 눈비에도 숭고하게 펄럭인다
동두천 평화로 3·1 만세로에서
만세 운동 휘날리던 고귀한 정신

동두천 아리랑

북으로 연천, 동으로는 포천
서, 남으로 양주
수도권 북부권역
국도 3호선이 지나는 동두천

동쪽으로 동두천 천
서쪽으로는 상패천
크고 작은 26개 소하천이
신천과 만나 한탄강에 스며들어 임진강으로 흘러가는데

수도 서울과 휴전선 사이
소요산 왕방산 천보산 마차산 국사봉 해룡산 칠봉산
옥녀봉
사방이 온통 산으로 조그마한 분지의 평화롭던 마을이
전략적 요충지가 되어 주한미군 주둔지로 반세기 넘는
세월

미국 독립기념일이면 미2사단(Camp Casey)에서는
불꽃이 밤하늘을 수놓는 대한민국의 미국 땅
한미우호의 상징인가 기지촌의 웃음소리에
어두운 멍에를 안고 살아야 했던 동두천

도시가 자라 '리틀 시카고'라 불리던 날들이
신천변 꽃밭의 거름으로 검게 흘렀네
동두천에 남은 역사의 명암은
언제까지 주한미군의 흔적으로 그려져야 하는가

언덕 위의 하얀 집

소요산 기슭 2층 건물
그 안에 사람이 있었다
일주일에 두 번 성병 유·무 검진에서
낙검자가 가야 하던 언덕 위의 하얀 집

병영생활관처럼 침상이 늘어섰다
'페니실린 주사'가 두려워
쇠창살 너머 세상에 나가려고 몸부림쳐봐도
건물 입구를 주시하는 매서운 눈초리

한국 속의 미국 기지촌에서
굳건한 동맹은 섹스동맹
아시아 여성은 그들에게
'갈색의 작은 섹스 기계'일 뿐

미군기지 주변 정화 운동으로 태어난
성병 진료소와 토벌
화장 짙은 가정의 부인까지 잡아가던
그 시절의 동두천은 하늘도 어둑했네

짜디짠 눈물방울로 쇠창살도 녹이 슬고
박쥐가 둥지를 튼 폐건물

"부끄러운 흉물은 치워야 한다"
"아픈 역사도 보존해야 한다"

지워지지 않은 역사의 흔적이
아직도 팽팽히 아프게 갈린다

자유 수호 평화박물관에서

봄이면 벚꽃 보러 왔다가
가을이면 단풍 보고 가는 길에
역사도 배우고
애국심도 충전한다

부모 형제 잃고
배고픔에 굶주리며
떠나야만 했던 피난 행렬
빛바랜 사진 속에 남아있는

지우고 싶은
전쟁의 아픔 상처 공포
가슴 아픈 기억들도
결코 잊어서는 안 되는 것

노르웨이 이동외과병원(NORMASH)

동두천시 하봉암동 298번지에
빛바랜 유산으로 남아있는 목조건물
'이곳에만 가면 살 수 있다'는 믿음은
부상병, 전쟁포로, 민간인 가리지 않고
생명을 구해준 천사 623명 때문이었다
지구 반대편에서 날아온 나이팅게일들이
살려낸 환자는 무려 9만여 명

전쟁의 비극을 우정으로 피워낸 꽃
숭고한 그들의 피땀 어린 증표가
군부대의 철망 속에 가려진 지 수십 년
장마에 신천이 범람하면
행여 침수되지 않을까 염려 속에 서있는
노르웨이 이동외과병원
생명이 소생하던 성스러운 유적지

그 골목길

언제나 그 골목으로 가는 길은
벽과 벽 사이 수다가 한창이었지
화장으로 화려하게 감춘 주름진 얼굴
그 속에서 살아가는 사람들
구불구불 이어진 길 그 끝

유한극장이 사라지고
다리 하나를 사이에 두고
생연 4리를 지나 보산리
얼마나 많은 미군들이
카메라에 담아갔을까

백일홍 접시꽃 맨드라미
평상에 둘러앉아
꽃들의 생김새며 꽃말까지
오래된 담장들이 품고 있는
내밀한 이야기조차 나누던
그 골목길

동두천 오일장

오일장이 서는 날이면
새벽부터 사람들이 분주하다
어제 찬바람 맞으며 캐온
냉이 달래 봄동
흥정하는 실랑이도 정겨운 풍경
좌판에 펼쳐진 농산물은
중국산이 아닐 것 같은 믿음 때문에
오늘도 오일장을 기다린다

동두천 시민정원사 교육을 받으며

게으른 농부가 쑥갓꽃을 보고
가을에 민들레꽃을 본다고 말하지만
사람들은 고생을 사서한다지만
시골에서 풀 뽑고 사는 일
텃밭 가꾸기가 행복인 줄 예전엔 몰랐었네

티끌 같은 씨앗에서 싹이 움트면
생명 있는 모든 것들은 모두가 신
날마다 신을 영접하는 기분을 누가 알까
맨손으로 풀 뽑고 흙을 만지고 하는 일이
나를 살게 하는 힘이라는 것을

작은 씨앗에서 싹이 나고 자라
꽃이 피고 열매를 맺고 수확해서
우리의 저녁 식탁에 오를 때까지
그 과정을 알아가는 기쁨에
까맣게 타는 얼굴쯤이야

공짜 지하철 타던 날

때가 된 카드로 처음 지하철 타던 날
편지 가족 출판기념 종각역에 가는 동안
나는 그저 마냥 마냥 행복했네

나이 들어 즐거운 일이 있다는 것
왕복 사천사백을 신호만으로 탈 수 있는
이 엉뚱한 혜택의 참다운 감사인가

김유정 문학촌에서

6월의 하루, 김유정 문학촌을 찾아 느린 시간을 즐긴다
금병산이 둘러선 그 속에 옴팍한 떡시루같다 하여
'실레'라고 불리는 마을길을 걸으며 옛 생각에 잠겨본다
2010년 10월은 가을걷이가 끝나고, 알싸한 내음새를 풍겼던 동백꽃나무가 잎을 다 떨군 채 서있다
조병화 시인 기념사업회의 문학기행에서 소녀처럼 곱고 다정다감하셨던 허영자 선생님은 지금 어떻게 지내실까?
어느 시인이 밭에서 무 한 개를 뽑아 껍질을 벗겨내 잘라주던 무맛이 그렇게 차고 달 수가 없었던 그 가을,
오늘은 옛 추억을 더듬으며 편지 가족과 또 다른 추억을 만들며 아름다운 자연 속에서 생명의 소중함과 겸허함을 배운다

2023년 6월 15일

2부 연평도

5060, 청춘로드

숨 가쁘게 살아오느라 놓쳐버린 시간
채울수록 허기지던 젊음은 가고 없지만
누군가는 '야래향' 유년의 추억을 말하고
어떤 이는 '동광극장' 두근거리던 연애의 기억을
그 길 어딘가에 스며있는 청춘을 찾아간다
약속 시간 지나도 오지 않던 그녀를
그이를 한없이 기다리던
잃어버린 마음의 고향을 찾아가는 길

하루하루 고달프게 살아왔어도
가난을 공유하며 끈끈한 정을 나누며 살던
사람 냄새 물씬 풍기는 추억의 사람들을 만나
그들의 서러운 인생에 귀 기울인다
그때가 좋았네 그 시절이 그립네
무엇을 놓쳤는지 잃어버렸는지 모르고 지난 세월
일상의 쉼표를 찍고 찬찬히 돌아본다
생명의 에너지가 충만한 청춘로드에서

연평도

코로나 19로 이웃과의 왕래도 뜸했던 시간 지나고
태풍으로, 섬으로 향해 발길 돌린 지 35일 만에 도착한
'연평바다 역'엔 상기된 얼굴로 '코리아스타 호'에서 이제
막 도착한 사람들과 섬을 떠나려는 이들의 설렘과 아쉬
움이 교차한다

조기 청어 홍어가 사라졌지만 꽃게가 그 자리를 대신하
고 있다는 연평도 주민들은 오늘도 조기들의 회유(回游)
를 기다리며 일찌감치 바다로 나가 꿋꿋하게 삶을 이어
간다

2010년 11월 23일, 연평도 포격전이 있던 그날
가장 멋진 모습으로 말년 휴가를 떠나던 청년(故서정우
하사)은 마지막 순간 소나무에 해병대 모표만 남긴 채
장렬히 산화되어 돌아올 수 없는 먼 길로 마지막 휴가
를 떠났다

김장배추에 떨어진 시커먼 쇳조각을 보고 놀라 피했다
는 주부, 안락한 삶의 터전이었던 '연평면 171~177번지'
일원 여전히 과거의 시간은 멈춰 이곳이 민간지역 포격
현장이라고

그 모습 고스란히 남겨 '안보교육장'으로
시선을 모으고 있다

가까이 달려드는 파도, 주황빛 노을은 얼마나 아름다
운지 마을의 골목마다 따스하고 정겨운, 무인등대마저
그림 속 풍경, 아침에 뭍으로 나간 물결도 오후가 되면
다시 제 자리에 돌아오는 목숨 바쳐 지켜낸 섬, 연평도!
이 땅의 평화를 목놓아 부르짖는다

노란 나무대문 집 2

세월의 무게 견디지 못해
몇 차례의 보수공사를 거쳐
연탄보일러
기름보일러
가스보일러
마당을 지키던 펌프도
어느샌가 슬그머니 사라졌다

일상의 뒷전으로 물러난
고단했던 아버지의 행적이
고스란히 남아있던
노란 나무대문집의 봄날도 가고
유년의 기억은 꿈처럼 아련한데

시집 보낸 셋째 딸 오는 날이면
대문 앞 낡은 의자에
꿈을 꾸듯 기다리시던 아버지
오늘은 명료해지는 기억을 추억하려
대문 앞 의자에 조심 조심 앉아본다

걸산동

'육지섬'이라 불리는 걸산동에 가려면
'부처고개'를 넘어야 한다
희미하게 간판만 남아있는 턱거리 마을을 지나야 한다
중복 지나 햇살 부신 신작로에 인적은 없고
좁은 골목마다 과거의 영화를 상징하듯
문이 굳게 닫혀있는 빛바랜 건물들만
한때,
캠프호비(Camp hovey)의 병사들과 짧은 미래를 약속하던
허스키한 목소리 핫팬츠의 그녀들은 모두 어디로 갔을까
산허리 좁은 임도를 따라 굽이굽이 이어진 이 길은
동두천 산악자전거(MTB) 대회를 열면서 만들어진 길
그 옛날 땔감을 짊어지고
풀 위에 길을 만들며 가던 길이라네
더 이상은 갈 수 없다고 버티고 있는 미군부대 앞에서
온몸으로 흐느끼는 칡꽃 향기에 어지러운 날
70여 년 전, 잘못 끼워진 첫 단추로
시대의 아픔, 번민하던 세월 모두
의연하게 살아낸 것처럼, 또 그렇게 살아갈 것이다

(2021. 7. 22)

손 편지 쓰는 여자

'잊혀진 계절'의 멜로디가 카톡방에서
이리저리 흩날리는 계절이 되면
빈 식탁에 앉아
편지를 쓴다

분주한 일상에 묻혀 지내다 보면
흐른 세월만큼 정겨운 사람들
추억의 책갈피를 넘기듯이
소중한 기억을 더듬는다

어릴 적 동무들, 선생님
작은 아씨 우주로 떠난 동생
사랑한다고, 사랑한다고
자꾸만 부르고 싶은 이름

오늘도 그녀는 손 편지를 쓴다

* 편지가족 우체통 제25집 초대 시

장암 저수지

그곳에 가면
'아프로디테'와 '헤스티아'를 만날 수 있으려나
길게 이어진 좁은 길은 달려갈수록 낯설다
여신들의 흔적은 어디에도 남아있지 않아
따스한 햇살 품은 칼바람은 시리고
'호수의 집'은 덩달아 쓸쓸한데

태봉국을 빼앗긴 궁예의 한탄,
하늘의 구름,
뾰족한 나무들 길고 긴 그림자 모두 품은 채
언제, 무슨 일이 있었냐는 듯이
시치미를 뚝 떼는 저수지에서

그리스 여신들 흔적을 찾아온 사람들은
별에서 왔다는 '도민준'과 '천송이'를 만나
겹겹의 세월 살아오면서 희미해진
반짝이던 젊은 날을 그리며
첫눈과 만날 그날을 기다린다

보석 같은 삶

엄마 보고플 때 언제든 찾아가던 요양병원이
새벽잠 설치고 전철 두 번 갈아타고
초등학교로 편지 강좌를 가던 그날이
꽃구경, 바다 보러간다고 나선 고속도로에서
한 없이 정체되던 기다림이
휴게소의 따뜻한 우동 한 그릇이
영화관에서 팝콘을 사 들고 기다리던 그 순간이
한 달에 한 번 문학과 인생을 이야기하던 그 모임이
비 오는 날 번개팅, 커피 한 잔 하던 날이
맥반석 구운 계란, 식혜 한 잔의 시원한 맛 찜질방이
봄, 장마당 냉이며, 달래 봄나물 구경하다가
"뻥이요" 소리에 놀란 가슴 쓸어내리던 그때가
가족모임, 동창모임 미얀마, 라오스, 태국으로
패키지여행을 떠나던 그 설렘의 날들이
너무나 당연하게 누리던 그때가 그립습니다
'코로나 19'가 오기 전 그때는 몰랐습니다
그 순간 순간이 행복이라는 것을

우체국이 사라졌다

가끔씩 엄마 계신 요양병원 가는 길에 찾아가던
작은 우체국 동두천 광암 출장소
2019년 12월 31일 자로 사라졌다
인근 우체국 현황을 친절하게 알려주는
커다란 현수막이 참 쌀쌀하다

한 해에 겨우 몇 번 마음을 나누었을까
빠르게 잊힐 이름 붉은 우체통 앞세워
온 종일 기다림에 지쳤을 테지
서로 잘 가라 잘 있어라
마지막 인사 나누지도 못하고

때늦은 후회, 깨알 같은 손 편지로
그대 마음 돌리기엔 이미 늦어버려서
가야 할 나와
채우지 못한 엽서 한 장
낯선 우체국으로 발길을 돌린다

하동 가는 길

무엇에 홀렸을까
고압전류에 감전이라도 된 듯
달콤한 새벽꿈을 팽개치고 나선
발걸음 분주하고나
낯선 거리 헤매다
바람 같은, 달빛 같은
시인을 만나러가는 길

기다림이
그리움이
너무도 컸기 때문일까
그녀는 새벽잠을 설치고 종종걸음에도
그 강을 건너줄 나룻배를 놓치고 돌아섰다

봄바람 든 이순 할매들
헤픈 웃음 꽃띠 소녀 되어
섬진강 은모래 길 폴짝거리며
벚꽃에 가려 보이지 않던
연두 초록으로 물든 하동 땅
평사리 그 너른 품에 안겨
1박2일 그림을 그린다

그 후, 유월

잊을 수도,
지울 수도 없는
6·25 그날의 아픈 상처
꽃다운 나이 치열했던 전선에서
겨우 살아남았어도
매일 밤 악몽을 꾸면서
몇 명 남지 않은 전우도
하나, 둘씩 떠나보내고
힘겨운 시간 견딘 유가족도
거동조차 힘겨운 노인이 되었지만
분단의 골은 여전히 깊어
통일의 길은 멀기만 한데
태극기 흔들고
만세삼창 하다가
낡은 사진 꺼내보면서
서러운 유월을 살아냅니다

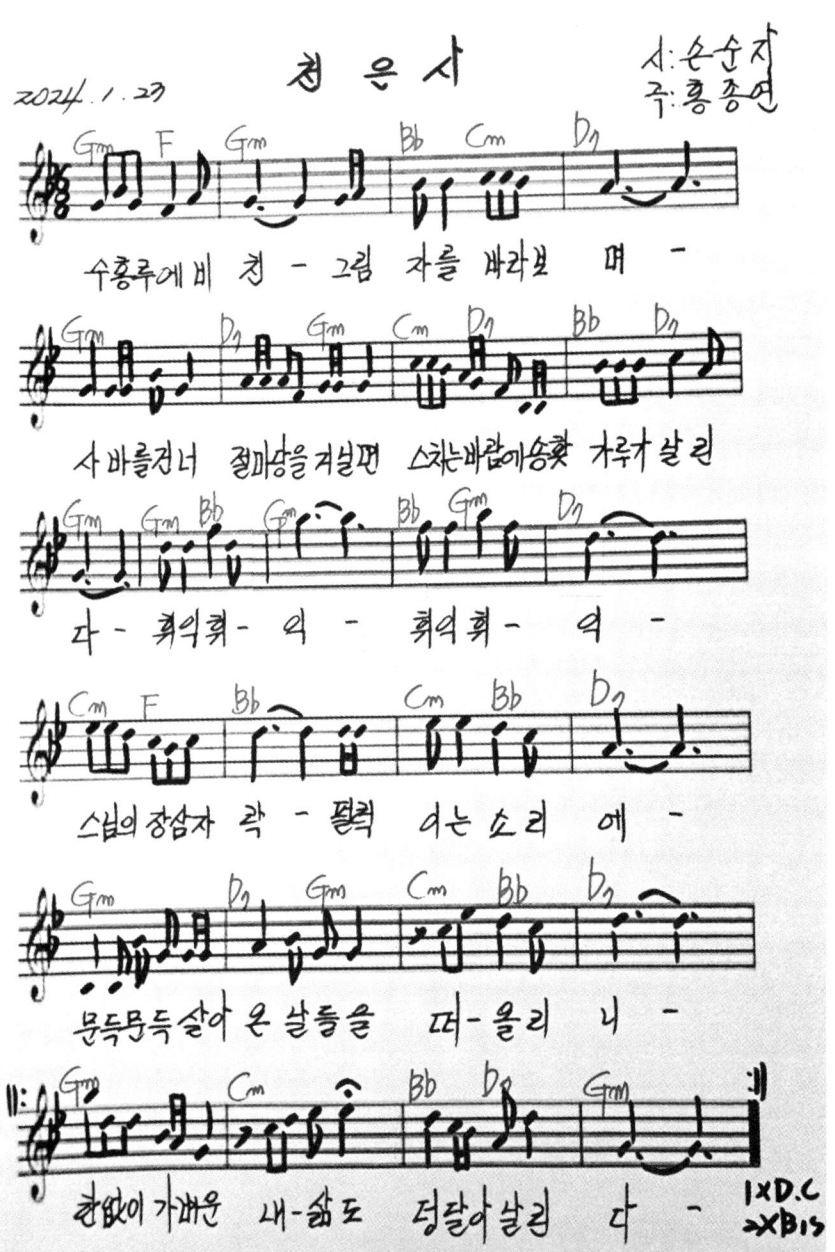

3부 가을 보문사

당신을 불러봅니다

노랑, 빨강, 분홍 채송화들
반짝이는 눈으로 기지개를 켜며
햇살 아래 모여앉아 수다를 떱니다

세상사 일이 힘겨울 때마다
고샅길이 생각나
지난날의 길가에 오르면
유년의 꿈이 그 자리에서 웃고 있습니다

작은 마당에 채송화를 심으며
7남매의 가슴에 꽃씨를 받자던
오늘은 당신을 불러봅니다

가을 보문사

동두천 보문사에 가을이 찾아왔다
가을은 산사에 제 색깔을 결 곱게 풀어놓았다
청량한 소슬바람에 잠깬 처마 끝 풍경소리
절 마당을 쓸어내리는 정오스님 빗자루 끝에 매달린
나뭇잎도
부처님 품에 안기고 싶어서 부스럭대며 뒹구는 날
가을 햇살이 펼쳐놓은 정갈한 마당에
코끝을 스치는 향내음, 새소리도 화음을 보태니
대웅전 부처님 얼굴에도 미소가 피어오른다

도솔천의 영화도 버리시고
인간 세상 고통을 구원하시려
이 세상에 오신 부처님이시여!
돌멩이 하나, 흙 한 줌도
귀하게 여기시는 부처님이시여!

오늘 여기 동두천 보문사 넓은 마당에
손에 손잡고 사람들이 모였습니다
생김새도 성격도 다릅니다
그야말로 세상의 축소판입니다
미움도 내려놓고, 성냄도 내려놓고
넉넉한 사랑, 따뜻한 가슴으로 마음을 열어

진실로, 진실로 참회하며 기도합니다

언젠가 우리가 반야의 눈을 뜰 때
오로지 부처님의 지혜로 하나 되면
세상은 부처님의 자비와 지혜로 충만할 것입니다
그리하여, 온전히 부처님 닮은
행복미소를 짓는 날이 오면
우리도 마침내 부처님의 광명 속으로 스며들고
이 세상은 반야의 빛으로 충만할 것입니다

우리 모두 서로가 서로에게 빛이 될 수 있기를
연꽃처럼 맑고 향기로운 충만한 삶이 되기를
허망한 육신에 집착하지 않기를 발원하면서
오늘 동두천 보문사 명상 마정수기 법회에서
부처님께 지극한 마음으로 기도합니다

* 2014년 11월 2일 동두천 보문사 마가스님 초청 명상 마정수기 법회 축시

갱년기에 길을 묻다

그녀의 수다가 늘어났다
여자의 시대를 이제 막 건너
아직은 지는 해를 보고 싶지 않은데

내면을 뒤흔드는
가파른 산길 오르듯
살아온 젊은 날은 가고

허리, 무릎, 어깨의 통증
깊은 상실감 안겨주는
변화를 어쩌란 말인가

꽃 진 그 자리에 열매가 맺히듯
거부할 수 없는 세월
구름이 산을 넘는다

무작정 눈물이 날 때가 있습니다

문득 하늘을 올려다 본 날
구름비늘이 너무나 눈부셔
무작정 눈물이 날 때가 있습니다

수 없이 뱉어내는
상처의 말이…
서릿발 같은 위엄 때문이 아닙니다

함께 있으면 시간이 달콤한 음악처럼 흐르고
순간의 욕망에 흔들리지 않고
순수하게 바라볼 수 있는 그대

그 빛나는 순간들이
그저
사랑이 아니어도

할 말도 잊은 채
그 어깨에 머리를 기대고 싶은 날
무작정 눈물이 날 때가 있습니다

이상설 선생의 유허비 앞에서

시베리아 횡단 열차가 바람을 가르며
'우골리나야'역을 막 떠나갔다
'블라디보스톡'에서 한 시간
'우스리스크'까지 버스로 또 한 시간
건너편으로 발해의 옛터가 보이는 수이푼강

연해주의 독립운동가 그 중심에 계셨던
이상설 선생의 발자취 따라 이곳에 왔다
1910년 8월 27일 성명회를 조직하여
침략세력에 항거하고
자주독립을 위해 목숨을 바친 당신!
마흔여덟에 멈춰버린 안타까운 젊음이여

독립운동사에 빛이 나는데도
기억하는 후손은 많지 않고
소련인들이 세웠다는 조선계 소련인
이상설 선생의 유허비
오늘도 세월을 안고 말없이 흐르는 수이푼강가에
비바람 맞고 외롭게 서있는 선구자여!

호박꽃

어느 하루
열린 가슴으로
벌 한 마리 찾아들어
오래
달콤한 네 사랑에 취했었지

마지막 순간
단아한 모습으로
이별을 말하기 전까지
오래
눈부신 네 사랑에 취했었지

가끔씩

그대여
우리 가끔씩은 안부를 묻자
바람에 실어 보내거나
잔잔한 미소이거나
오랜 이별 뒤에 만나도
낯설지 않게

그대여
우리 가끔씩은 안부를 묻자
이 세상 의미를 두는 한 사람
손길 닿지 않는 곳에 있어
그 절망감으로 무관해져서
다시 모르는 사이가 되지 않게

아버지의 담배

아버지의 담배는
'은하수'나 '백자'
같은 것이었다
건강에 해로움에도
늘 값싼 담배를 피우셨다

가끔씩은 문간방 '별이 엄마'가 한 개비씩
인심 쓰던 양 담배를
연기에 취해 몽롱해질 때까지 피우셨다
남편이 '솔' 담배를 피울 때도
아버지는 '환희'를 찾으셨다

고된 일을 마치고
마루에 앉아
한 개비의 담배를 피우시던
생전의 모습이
생각날 때면

한 번만이라도
클라우드 나인 'CLOUD 9' 같은
비싼 연기로
구름 도넛 만들어달라고
떼쓰고 싶다

김연성 열사 추모비 앞에서

구한말, 사람들이 '김박사'라 부르던 강릉김씨 35세손
정7품의 벼슬, 충청남도 도주사도 마다하고
일신의 안위 모두 버리시고, 가시밭길
일제의 국권침탈에 항거하신 임이시여!

금쪽 같은 목숨 바쳐
민족자존의 기치를 높이 세우신
자랑스러운 선열이시여!
연천 포천 양주 적성 금화에서
조국 위해 부릅뜬 눈 피맺힌 절규
자손 만대에 이르도록 영원히 빛날 것입니다

1909년 11월 29일, 조국과 영원히 작별을 고하던
서른 아홉 그 안타까운 젊음이여
길지 않은 생애 외로운 충절
눈 감아도 보이는 듯
아! 그 마지막 순간이여

임께서 살았던 세상은 짧았지만
임을 가슴에 묻고 살아야하는
후손들의 세월은 너무나 길기만 합니다

임의 고귀한 목숨으로 대가를 치르고 지켜낸
자유 민주 평화 세계 속에 우뚝 선 조국이여!
더 이상은 열사가 나오지 않는 세상에
강릉김씨 가문이 꽃을 피운 오늘 이 자리
가슴은 서늘해지고 목이 메입니다

잎새마다 푸르고
뻐꾸기 울어대는 유월의 하루
자유의 땅 평안의 땅
볕바른 '어운산' 선영에서
임의 넋을 기리오니 부디 부디 영면 하소서
아! 임이시여!

* 2014년 6월 12일 제1회 김연성 열사 추모제 헌시

첫 편지

군사 우편이라 찍힌
편지를 받던 날
편지라는 것을
난생 처음 받아보는
사람처럼 행복했습니다

겪어 보지 않은 사람은
모를 일입니다
편지를 가슴에 안던
그 순간의 벅찬 감동을

저 먼
그리움의 끝에 있는
훈련병 아들의 첫 편지는
눈물이 앞을 가려 처음엔
눈으로 읽지 못합니다

마음으로 읽어야 합니다
가슴으로 읽어야 합니다

4부 해룡산에 핀 꽃

해룡산에 핀 꽃

나뭇가지에 매달린 은행잎이
눈물을 글썽이던 계절 가고
반쯤 서녘으로 기운 나도
그 이파리의 하나로 기억될 즈음
우리는 해묵은 딱지를 떼고
마음에 새로운 길을 내야 하리라

지난 해는 힘껏 어둠을 살라먹고 뜨는 별
오래전에 하늘로 띄운 답신을 기다리며
별이 해에게 가는 그 시간, 어제와 오늘 사이
먼 끝과 끝을 촘촘히 이어주리라
그리하여 어제 마침표를 찍고 떠난
그 시간을 새해라는 이름으로 다시 맞는다

간밤에 불침번을 선 별과 나무에게
힘차게 긴 팔을 치켜 흔들며 해룡산에 꽃이 피었다
마차산 소요산 어등산 왕방산 칠봉산에도
분, 초를 다투며 피어난 꽃들이
하늘 살을 찢으며 송곳 같은 나뭇가지를 뚫고
세상을 열어젖히면

사람들은 저마다 반짝이는 눈으로
가슴을 열어 새해를 맞는다

잊어버린 그 길

오래 전 기억을 더듬으며 찾아가는 길
아무런 망설임 없이
출구를 빠져나왔지만
보이지 않는다, 그 커피 집
얼마쯤 더 걸어봐도 낯선 길
약속한 시간이 지나고
출구를 착각했다는 생각이 들 때쯤
전화벨이 울렸다
오던 길 되돌아 다시 전철역에서
희미한 기억속 출구로 나오니
익숙한 건물들이 보인다
잠시 나의 방황도 끝 직진이다

이렇게 좋은 날에

남도에서 머뭇거리던 봄 햇살이
산비탈 다랑논에서 봄동을 키워내면
포구마다 알 가득 밴 주꾸미와
살점 두둑한 도다리로
뱃사람의 상다리도 휘어진다

화사한 매화 손짓으로
산수유도 덩달아 꽃등불을 밝히며
샛노란 꽃의 전설을 들려주면
아낙네들 소쿠리에 '벚굴'이 수북이 쌓이고
굴 껍데기 타는 연기에 어릴 적 추억도 피어난다

샛골 밥상

꼬부라진 오이로 만든 오이무침
벌레가 먼저 맛본 배추로 끓인 배춧국
흠집 난 감자는 볶음으로 다시 태어나고
못생긴 가지는 예쁜 방울토마토랑 짝 맞추어
지지고 볶고
키 큰 시금치가 시금치나물로 변신하자
아홉 살 손자 원석이
"할머니 집밥 최고"라고 엄지 척하는 날
샛골 밥상에 웃음꽃 피는 날

신두리 해안에서

짭짜름한 바람을 머금고 밀려온 바다는
모래 가슴에 자꾸만 파고들어
수북이 쌓고 또 쌓아
크고 작은 모래 언덕을 만들었다
메꽃과 뻘기는 지나가는 바람도 두려워
모래 바닥에서 낮은 포복을 하는데

해당화는 그 언덕에서 기나긴 밤을 보내고
생살을 찢고 붉게 피어난다
저녁별이 뒷모습 보이며 떠나고
밤비가 소리 없이 다녀가도
해당화는 또 다시 피고 진다
붉게 멍든 채 온몸으로 해풍을 맞으며

곤드레 나물밥

온 종일 봄 햇살 끌어안고 나물을 뜯어
물만 부으면 얼마든지 양을 늘려
주린 배를 채우던 그 시절
식솔들 모두 그 봄을 살아내게 한 어머니

세상이 변하고 또 변하더니
고향이 그립고, 어머니 생각날 때면
별미 음식 먼 길 달려
자연 닮은 밥상 찾아간다네

막차

이순 넘어 살면서
어쩌다 밤늦은 귀갓길

막차 시간에 쫓기는 생각
택시를 타야 할까
용산 딸네 집으로 가야 할까

분초를 다투는 서울역 잰걸음
간신히 올라탄 지하철 막차엔
안도의 한숨이 뒷자리에 앉는다

봄

나이 들어가면서 가장 좋아지는 계절 봄
겨우내 잊고 살았던 따스한 햇살이
창가로 쏟아져 들어오면
마음까지 화사해진다

봄비라도 내리는 날이면
목을 축인 마늘밭은 춤을 춘다
냉이 달래 머위 쑥도 인간을 위해
제 몸을 불사른다

바람에 실려와 겨울과 마지막 타협을 하는 봄
자리다툼 하지 않고 순순히 물러날 것 같던 겨울
그 입김이 그만큼 예리한 것일까
꽃샘 잎샘 추위로 심술을 부린다

백향과 패션프루트(Passion Fruit)

동남아 여행 중 호텔 조식에서
처음 만난 그맛
토마토처럼 생긴 알맹이로
새콤달콤한 씨 부드럽게 톡톡 터지며
백 가지 향을 지닌 너는
어느 별에서 온 과일인가
첫 딸 가지고 입덧하던 그때처럼
자꾸만 입안에 침샘이 고이는 오늘

단풍나무에게

겨울눈을 감싼 채
바짝 마른 잎 떨구지 못하고
한겨울 삭풍을 견디고 있더니
새봄이 되어 잎눈이 부풀면
그제서야 마른 잎을 떨구는 너

겨우내 가지에 처절하게 매달린 너의
숭고한 뜻을 헤아리지 못한 채
삶의 집착에서 벗어나지 못한
구차한 연명의 몸짓인 줄 알았는데
고결한 네 뜻 알고 나니 부끄럽구나

5부 쇠목교

쇠목교

소의 머리 닮은 바위 아래
'송아지 웅덩이' 물소리
훨씬 생기를 더 할 때면
고통의 50년 세월
해원탑(解寃塔)으로 대신 풀어볼까나
젖은 솔가지 매캐한 연기 속의
어머니 손놀림이 부산해집니다

골 깊은 산촌 마을
바람도 쉬어가던 골짜기
곰살맞은 햇살에도
간지럼 타지 않고
장마철 성난 물살에도
의연한 너의 모습

어릴 적 '쇠목 이야기' 들려주시던
어머니 날마다 그리워
커다란 이무기가 잡아갔다던
누렁소 울음소리
들릴 것만 같은
오늘
난 이 다리를 건넌다

샛골에 내리는 비

그의 삶에서
빠져 나와야 한다고
머뭇거림이 길어지면
더욱 힘들어진다고

샛골에 내리는 비는

비를 맞지 않아도
내 가슴에 젖어들어
햇살 눈부신 날의 다짐은
부질없어라

샛골길에서

서울 사람들이
지하철을 타고
컴퓨터를 켤 때
샛골길에 사는 사람들도 진지하게
하루를 시작합니다

고추 모종을 심고
감자를 캐고
푸성귀를 가꾸며
어느 누구도 하루를
허투루 보내지 않습니다

아파트보다 불편함도 많지만
소나무 가지에 매달려 새벽을 여는 새소리와
햇살이 마당 가득 곤두박질하는 아침,
온갖 꽃들의 마음을 여는 햇살의 사랑 때문에
기뻐하지 않을 수 없습니다

빈집

언제 누가 심었을까
샛골길 모퉁이 돌아 약수터 가는 길에
흐드러지게 핀 빨간 접시꽃

먼 옛날 못다한 사랑
저렇듯 안타까워
흙먼지 폴폴 나는 길에 피었나

흘러가버린 시간은 서러워라
아무도 찾는 이 없어
늘 적막하던 빈집

어제의 충만했던 기쁨
그 얼굴의 미소도
못내 그리운 칠월의 하루

빈집 2

땅 주인이 바뀌었다는 소문이 들리더니
파란 양철지붕이 흔들리고
흙벽에 기댄 채 간신히 버티던
슬레이트도 떨어져 나갔다
치매가 의심되기 전만 해도
동사무소 소식지며 재활용 봉투
나눠주시던 키 작은 반장님
어느 날부터 그 모습 보이지 않았다
온기 없는 집 어딘가에 둥지 틀었는지
제집처럼 드나드는 고양이들
집주인 없어도 홀로 꽃 피우고
밤송이 키워내던 나무 한 그루
찾아오던 발길 뜸해지자
윤기도 향기도 없다
자랑처럼 대문을 지키던 문패마저
집주인과 마지막 인사 나누지 못하고
빈집과도 작별하는 날
이름 하나 마음에 새겨놓고 서있다

스무 살 젊음에게

그대 이제 스무 살
바라만 봐도 가슴이 벅차오는 나이
비바람과 혹한을 모르고 살아
더욱 빛나는 기쁨이여!

어느덧 깊어진 감성으로
스스로 꽃 피우고 열매 맺어
지난날 뒤척이던 설렘도 풀어내고
저 넓은 세상 소통의 길 열어가리니

어여쁜 스무 살의 젊음이여!
먼 날 그 후에도
그대들의 일기가 행복으로 채워질 수 있기를
매 순간 순간마다 환희로 이어지기를

이제 나아가 세계 무대의 주역이 될
그대
어여쁜 스무 살의 젊음
푸르른 희망이여!

* 성년의 날 축시

소요산 연가

인생길
설렘의 정거장에 서서
동반자를 기다리던 스물셋
그때
그대를 만났습니다

사랑의 날개 펴고
소요산 아래 둥지 틀어
그대 품에 안겼을 때
이 세상 누구보다
행복에 젖었음을 고백합니다

사랑은
단둘이 해야만 하는 것
언제나 그 자리 머물러주세요
그대만이
살아가는 이유가 됩니다

돌탑

산자락 아래
보잘것없는 돌멩이 하나
그대와 내 손에 잡히는 순간
하나의 의미가 됩니다

누군가의 기도로 높다란
그 맨 꼭대기에
두 개의 새로운 바람이
쌓입니다

기다림을
그리움을
말 없는 언약으로
낯선 길 위에 남겨둡니다

오월 편지

목련꽃 진 자리
새 잎 피어난 창가에 앉으면
처음 그대를 만나던 날
생각이 납니다

거친 항해 끝에 조우하는
무공해의 햇살처럼 순수한 모습이
퐁퐁 솟아오르는 맑은 분수대의
경쾌함을 닮은 음성이

때로 무거워지거나,
따스해지거나, 아플 때
그 소소한 이야기를 들어주고
슬쩍 외면하고 싶은 사랑의 말 들려주던

한 줌 온기를 머금고
귀밑을 간질이던 바람처럼
곁에 있을 때 알아채지 못했던
당신께 스며들고 싶어라

밝은 햇살이 서러운 오월엔
오월엔

불구하고의 사랑

착각이기를 바랐던 사랑
두근거리는 가슴을 쥐어짜는 사랑

눈감고 잊으려 하는데도 불구하고
더욱 또렷이 다가서는 사람
그리움이 시작되기 전엔
도무지 알 수 없는 인연이었다

굴레를 벗지 못해
죄가 되는 사랑이라 해도
되돌릴 수 없어
처음 낀 반지처럼 설레는 사랑이다

6부 가을

가을

지난여름, 지구 온난화로 폭염의 강을 건너
태풍 카눈도 씩씩하게 견디고
요란하던 매미소리 간데없고
다소곳이 자연의 순리대로
귀뚜리가 계절을 이어받았는지
선물처럼 가을이 오고 있다

카페 안녕

연못 위에 떠있는 수상 카페
뜨거운 커피 한 잔 앞에 놓고
바람의 언덕과
음악의 언덕을 바라보며
바람개비의 경쾌한 울림을 듣는다

'바람의 언덕'에서
바람이 불어오면
삼천 개의 바람개비가 돌아가는
동화 속 한 장면 같은 그곳에서
지친 시간은 멈추고 잊어버린 나를 찾는다

화지마을

화전리와 천황지리를 합쳐 만든 동네
한국전쟁 이후 수복지역이 된 화지리에
판자촌과 주택들이 얼기설기 들어서고
골목엔 가득 아이들의 웃음소리

사방으로 흩어졌던 사람들이 다시 모여
무성한 잡초를 걷어내고
오래된 골목길도 매끈히 정리하니
바삐 가던 햇살이 돌담에서 쉬어간다

따스한 손길들이 오순도순 힘을 모아
꽃다운 이야기로 조성한 평화의 정원
메말랐던 화지마을 사람들 가슴에
생기 있는 활력이 꽃처럼 피어난다

번지점프를 하다

번지점프 앞
선택의 순간

용기
자유
사랑
설렘
불안
안주

언제 다시 이 자리에 설 수 있을까
지금 이 순간 필요한 건 용기

상도문 돌담마을

미로처럼 펼쳐진 돌담길을 걷고 있으면
시간도 느리게 흐르고 마음도 차분히 가라앉는다
생김새가 다른 돌들이 서로를 기대 담장이 되어
포근히 감싸 골목과 마을을 이루고 있다

돌담 위의 고양이 새 부엉이 달팽이들은
담장 안을 슬그머니 들여다보기도 하고
신선이 묻는 설악산 길을 안내하기도 하면서
솔숲에서 불어오는 시원한 바람에 졸고 있다

신망리역

1954년 미군 전쟁 피난민들을 위해 세운 정착촌
뉴 호프타운(New Hope town) 신망리
탄약통 재료 찾아 역 지붕을 만들어,
널판지에 영어와 숫자 적혀있던 신망리

구호주택 '일호 집' '이호 집' 사람들과
수십 년 동안 맺어온 인연 참 고마웠는데
작별 인사할 시간도 없이 그렇게 사라지면
오랜 세월 추억은 어떡하라고

어수정 작은 도서관

나이를 잊고 누려보는 하루의 잠시
풀꽃 같은 빗소리 같은 시어를 가슴에 새기며
시나브로 더 큰 행복의 꽃을 피워보련다

오래된 연인들

아주 오래된 연인들은
함께 있지 않아도
문자메시지에 담긴
느낌표 하나만으로도
그 사랑의 깊이를
느낄 수가 있습니다

아주 오래된 연인들은
좋아한다고
사랑한다고
말하지 않아도
전화기 넘어 옅은 한숨 소리에
그 애틋함이 묻어납니다

아주 오래된 연인들은
함께하지 못한
지난 시간
그 아쉬움 때문에
기다림 때문에
눈물이 납니다

펌프물을 추억하다

아주 오래전 나 어렸을 적에
흙먼지 뒤집어쓴 아버지
자전거 끌고 지쳐 돌아오시던 여름
아득한 땅속 저 밑바닥에 보이지 않던 물
어머니가 주시는 한 바가지 마중물을 붓고
힘을 다해 펌프질해대면
비로소 한달음에 솟구치던 생명의 물줄기

아이들 펌프질로 겨우 받아낸
냉수 한 사발로 목 축이고 땀방울 씻어낼 때
덩달아 양동이에 넘쳐나던 아이들 웃음소리
고된 하루 꿀잠으로 잠시 내려놓으면
닳아빠진 펌프도 낡은 몸을 쉬던 그때
가난한 유년의 그 펌프 물로
일곱 남매 키우고 살찌우며

"물 한 방울도 아껴야 잘 살 수 있단다"

자꾸 목마르고 허기가 져도
어느 새 마음까지
의젓하게 다잡아보던 우물가
어머니 그 진리의 말씀이 물리처럼 들린다

서툰 사랑

더 이상은
다가 설 수 없는 거리

차마 하지 못한
말들을 남긴 채

마침내
잊어버릴 것만 같은

네 손길
그 음성

| 해설 |

역사에서 찾아낸 감동의 시학

강기옥 시인

역사에서 찾아낸 감동의 시학

강기옥 시인

머리말 – 서시로 푸는 시의 실마리

역사의 기록은 역사학자만의 몫이 아니다. 객관적인 사실의 냉철한 기록보다는 그 속에 담긴 민초들의 애환을 따뜻한 시선으로 되살려내는 것은 시인의 몫이다. 암기과목과 같은 메마른 정서로 일반인의 외면을 받는 역사학자의 기록에 비해 시인의 역사는 당시의 긴박한 호흡과 묻혀버린 사람들의 이야기가 살아있어 민중은 감동하며 아픈 역사도 가슴에 품는다. 학문이 아닌 예술로 재연된 역사가 더 생생하고 기억에 남는 이유다.

문제는 역사나 전쟁을 소재로 한 문학은 작가의 주관적 적용에 의해 자칫 논쟁을 일으킬 소지가 있다는 점이다. 그러나 시는 카메라처럼 한 장면, 한 장면을 대상으로 당시의 정황을 그려내기 때문에 독자는 눈물 흘리며 감동한다. 역사를 소재로 한 시는 묻혀버린 진실을 불러내 후세를 교훈하고 깨우친다. 전국 어느 곳이든 자기 고장의 역사와 문화를 자랑스럽게 노래한 시가 많다. 그래서 향토색 짙은 시들은 대부분 그리움이나 추억을 바탕으로 어머니 품과 같은 포근함을 노래한 서정시가 대부분이다.

　동두천을 노래한 손순자 시인은 특이하게도 감추고 싶은 흑역사까지 들추어내며 시대적 아픔을 노래했다. 역사학자가 간과하기 쉬운 전쟁의 폐해와 실존적 형상을 시화(詩化)하여 시집으로 묶어낸 것이다. 시인의 사회적 기능이 어디까지 확장되는지를 보여준 손순자 시인의 시편들이라 여타 시와는 의미가 달랐다. 미군이 주둔하여 술집이 많고, 우리 땅인데도 마음대로 드나들 수 없는 곳이라는 부정적인 이미지로 무심히 지나쳤던 동두천의 실체를 아프게 읽을 수 있기 때문이다. 시를 읽는 순간마다 동두천인들의 삶이 궁금하고, 시의 행간에서 궁금증이 풀리면 그만큼 동두천인들이 가까이 지낸 이웃처럼 친밀하게 느껴지는 묘한 감정에 빠져들게 한다. 상상의 여지를 생생하게 촉감할 수 있도록 당시의 상황을 소재로 한 추체험(追體驗)적 기법을 동원한 시들이 동일시의 감정이입에 빠져들어 우리의 이야기로 다가온다.

　추체험(追體驗)은 다른 사람의 체험을 자기의 체험처럼 느끼거나 예전의 체험을 다시 체험하는 것처럼 느끼는 상황을 말한다. 역사 교육에서 자주 사용하는 방법으로 동일시(同一視)나 동화(同化)와 같은 감정이입의 방법으로 교육의 효과를 노리는 방법이다. 역사와 심리학 등에서 발달한 감정이입을 문학과 예술에 적용하여 작품 감상의 비법으로 활용한다. 『동두천 아리랑』이 동두천의 역사와 문화를 이해하는 직접적인 자료로 인식되는 것도 그 때문이다. 특히 전쟁의 상흔이 동두천인들의 가슴에 아직도 깊은 생채기로 남은 상황을 시화(詩化)했기에 그 전달의 효과가 크다. 독자가 전쟁 당시를 판단하는 주체자나 피해의 당사자가 되어 감상하게 하는 시적 화자의 진술로 전개되어 추체험적 감정이입의 효과가 깊어 시 세계에 쉽게 빠져들게 한다.

감정이입은 여러 방법이 있으나 대체로 1)감정이입의 대상과 동일시하여 바라보는 '미학적 감정이입', 2)타인의 입장에서 그 사람의 정서에 맞게 사물을 바라보는 '심리적 감정이입', 3)역사적 주체자들이 처한 당시의 시대적 상황을 고려하여 그들의 의도를 파악하는 '역사적 감정이입'으로 구분한다. 문학은 1)번의 '미학적 감정이입'을 주로 사용하는데 『동두천 아리랑』에는 2)번 3)번의 방법을 모두 적용했다. 단순한 문학으로서의 시가 아니라 역사적 사실을 배경으로 했기 때문이다.

북단의 한적한 곳에 살면서 동두천인들이 겪은 아픔이 어디 한두 가지였을 것인가. 그 아슬아슬한 현장 속에서 어렵게 찾은 평화와 번영으로 이제는 가슴을 활짝 펴고 살리라 기대했다. 그러나 그것은 이방인이 보는 한가한 판단이었다. 역사의 파동 속에서 조마조마하게 겪은 두근거림은 동두천 문화의 특질로 남아 아직도 일상에서 겪는 울렁증이 나타나곤 한다. 그 현장은 <동두천 아리랑>이 지리적으로 증명하고 심리적 증상은 <막차>에 나타난다. 그래서 동두천의 과거와 현재를 잇는 전체의 서시(序詩)를 <동두천 아리랑>과 <막차>로 올린다. 대부분 시집 머리에 <시인의 말>을 올려 집필의 의도를 밝히기도 하지만 『동두천 아리랑』에서는 서시 두 편에 동두천의 인문지리적 상황과 현지인의 삶이 잘 나타나 있어 시 감상의 길잡이 역할을 한다.

    이순 넘어 살면서
    어쩌다 밤늦은 귀갓길

    막차 시간에 쫓기는 생각
    택시를 타야 할까
    용산 딸네 집으로 가야 할까

    분초를 다투는 서울역 잰걸음
    간신히 올라탄 지하철 막차엔
    안도의 한숨이 뒷자리에 앉는다
              - <막차> 전문

지리적으로 북녘에 가까운 탓에 극심한 전쟁의 포화

를 극복하며 살아야 했던 동두천인들의 삶은 예나 지금이나 아슬아슬하다. 통금에 쫓겨 잰걸음을 종종거리던 시대의 잔상을 안고도 평화롭게 사는 여유는 위기를 극복하는 과정에서 길러진 적응력의 영향이리라. 그래서 동두천에 가면 전원일기와 같은 평화가 있다.

  1연의 '이순 넘어 살면서/어쩌다 밤늦은 귀갓길'의 정감은 '어쩌다'가 살려낸다. 동두천을 벗어나지 않는 평소의 삶이 '어쩌다' 속에 녹아있기 때문이다. 즉 60여 년의 동두천은 편안한 삶의 터전이라는 암시가 동두천인들의 애향심을 대변하는 폭넓은 대유(代喩)로 나타난다. 2연의 '쫓기는 생각'에도 촉박한 불안보다는 오히려 선택의 여유를 보인다. 택시를 탈 수도 있고 딸네 집으로 갈 수도 있는 양자택일의 망설임, 그것은 어려운 현실을 이겨낸 경험이 오늘의 현실에 그대로 적용되어 나타나는 삶의 양태다.

  그래도 어찌 반전이 없을 것인가. 여성으로서의 세심한 심리상태는 기서결(起敍結)의 삼단 구성으로 전개하여 깔끔하고 맛깔스럽다. 한시(漢詩)의 구성에 적용하면 기승전결의 전(轉)으로 맺은 특이한 구성이다. 그것은 아직도 동두천인의 삶이 아슬아슬한 속에서도 활기차게 계속된다는 의미를 내포한다. 지하철 뒷좌석에서 안심하던 이후의 삶은 동두천인들이 전개해야 할 차후의 문제인 것이다. 그 여지를 남겨둔 채 상상의 세계가 시 감상의 서시로 안내 역할을 한다.

시 감상의 실제

가) 1부 동두천 아리랑

<동두천 아리랑>으로 시작하는 제1부는 우선 동두천의 인문지리적 자료를 제공한 후 미군이 주둔하게 된 내력과 그로 인한 어두운 기억을 어떻게 정화해내야 할지를 걱정하고 있다. 동두천이 한반도 분단의 상징과도 같은 3·8선을 끼고 있지만 동서를 가르는 하천들이 한탄강에서 몸을 불려 임진강으로 흘러드는 평화로운 정경과는 어긋나는 장면이다. 더구나 크고 작은 산들이 올올히 어깨를 마주하여 외풍을 방호하는 살기 좋은곳에는 더더욱 어울리지 않는다. 그래서 손순자 시인은 동두천을 감싸고 있는 여덟 봉우리를 빠뜨리지 않고 일일이 열거하여 아쉬움을 토로했다. 이곳에 주둔하는 미군들이 낳은 군사문화의 부정적인 찌꺼기들을 동두천천과 신천이 시원하게 쓸어갔으면 하는 바람이 가득하다. 그 잔상은 <언덕 위의 하얀집>에서 구체적으로 나타난다.

  소요산 기슭 2층 건물
  그 안에 사람이 있었다.
  일주일에 두 번 성병 유·무 검진에서
  낙검자가 가야 하던 언덕 위의 하얀 집

  병영생활관처럼 침상이 늘어섰다

'페니실린 주사'가 두려워
쇠창살 너머 세상에 나가려고 몸부림쳐봐도
건물 입구를 주시하는 매서운 눈초리

한국 속의 미국 기지촌에서
굳건한 동맹은 섹스동맹
아시아 여성은 그들에게
'갈색의 작은 섹스 기계'일 뿐

미군기지 주변 정화 운동으로 태어난
성병 진료소와 토벌
화장 짙은 가정의 부인까지 잡아가던
그 시절의 동두천은 하늘도 어둑했네

짜디짠 눈물방울로 쇠창살도 녹이 슬고
박쥐가 둥지를 튼 폐건물

"부끄러운 흉물은 치워야 한다."
"아픈 역사도 보존해야 한다."

지워지지 않은 역사의 흔적이
아직도 팽팽히 아프게 갈린다
　　　　－ <언덕 위의 하얀 집> 전문

　시는 감각을 자극하는 이미지가 많을 때 감동이 크다. 감각의 전이를 통해 공감각적으로 기술하는 것도 그 때문이다. 정지용의 <향수>에서 보는 '해설피 금빛 게으른 울음'이나 박남수의 <아침 이미지>에서 보는 '금으로 타는 태양의 즐거운 울림' 등이 대표적인 경우로 시각과 청각을 동시에 자극하는 시청각의 공감각적 이미지라서 독자의 가슴에 깊게 각인된다. 그런데 손순자 시인은 이미지의 형상화를 통한 시상의 전개보다는 실질적인 사진을 제시하듯 시적 화자의 목소리로 진술한다. 그래서 쉽게 시 속에 빠져들어 내가 '페니실린 주사'를 무서워했던 것처럼 감정의 동화를 이룬다. 내 눈물이 쇠창살에 뿌려지는 듯한 아픔을 느끼며 공감하는 이유도 감추고 싶은 흑역사까지 진솔하게 드러냈기 때문이다.

  이로 인해 독자는 지금도 언덕 위의 하얀 집이 남아있는지 궁금해한다. 이를 예견이라도 한 듯 시의 5연에 단서를 제공했다. 아픈 역사는 지워버려야 한다는 의견과 부끄러운 역사도 우리의 역사이므로 보존해야 한다는 의견으로 양분된 상황의 제시다. 그래서 그 하얀 집은 아직도 남아있으리라는 짐작이 가능하다. 소요산을 찾을 때는 자세히 살펴봐야겠다는 관광의 목적이 하나 더해졌다. 그 의미는 <자유 수호 평화박물관에서>가 보완한다. '가슴 아픈 기억들도/결코 잊어서는 안 되는 것'이라는 단언이다.

  <언덕 위의 하얀 집>은 1968년에 비키가 카사비앙카(Casa Bianca)라는 제목으로 부른 칸초네로 1970년대에 인기를 끈 올드팝(old pop)의 대표적인 노래다. 그렇게 알

려진 제목이라서 나이 든 독자는 행여 낭만적인 내용이 아닐까 하는 기대를 완전히 뒤집어 놓는다. 시 창작의 기법에서 시의 제목이 시의 내용과 일치하면 시적인 감동이 줄어들지만 역설적이거나 의외의 반전을 꾀한 제목은 독자의 시선을 유혹한다. 그런 의미에서 <언덕 위의 하얀 집>은 제목부터 좋은 시 쓰기의 좋은 전범을 보여 눈에 띈다.

그렇게 어두운 분위기 속에서 또 하나의 반전을 보인 시가 있다. <노르웨이 이동외과병원(NORMASH)>이다.

> 동두천시 하봉암동 298번지에
> 빛바랜 유산으로 남아 있는 목조건물
> '이곳에만 가면 살 수 있다'는 믿음은
> 부상병, 전쟁포로, 민간인 가리지 않고
> 생명을 구해준 천사 623명 때문이었다
> 지구 반대편에서 날아온 나이팅게일들이
> 살려낸 환자는 무려 9만여 명
>
> 전쟁의 비극을 우정으로 피워낸 꽃
> 숭고한 그들의 피땀 어린 증표가
> 군부대의 철망 속에 가려진 지 수십 년
> 장마에 신천이 범람하면
> 행여 침수되지 않을까 염려 속에 서있는
> 노르웨이 이동외과병원
> 생명이 소생하던 성스러운 유적지
>   - <노르웨이 이동외과병원 (NORMASH)> 전문

전술한 <언덕 위의 하얀 집>과는 전혀 다른 분위기다. 포탄이 터지는 전장에서도 크리스마스가 되면 춤과 노래로 전쟁의 위험을 잊는 영화의 한 장면을 보는 것 같다. 전쟁이라는 흑역사 속에서도 꽃을 피워낸 아름다운 장면을 찾아 시화한 손순자 시인은 객관적인 역사에 온정을 심어 시인으로서의 역사를 기록했다. 냉혹한 역사의 현장에서 <언덕 위의 하얀 집>과 같은 아픔만이 아니라 노르웨이 출신 간호사들의 희생을 담은 <노르웨이 이동외과병원(NORMASH)>을 소개했기 때문이다. 동두천의 숨은 역사가 시로 살아나 독자의 가슴을 찡하게 울린다.

1연에서 밝힌 지번을 따라 목조건물을 찾아가면 나도 살 수 있으리라는 믿음, 그와 더불어 노르웨이에서 날아온 천사들의 따뜻한 숨결도 느낄 수 있을 것 같다. 9만여 명을 살려낸 희생 봉사에 감사하는 마음도 우러날 것 같다.

2연에는 그 숭고한 정신을 기리기는커녕 군부대 철조망 속에 방치되어 있어 행여 침수 피해를 입지 않을까 하는 걱정하는 마음이 안타깝다. '생명이 소생하던 성스러운 유적지'를 교육의 현장으로 사용하면 어떨까. 이제 군부대도 이전했을 것이기에 전쟁의 폐해와 더불어 나이팅게일의 숭고한 정신을 배우는 체험장으로서 말이다.

손순자 시인이 사는 동네는 아름다운 추억이 쌓인 골목길도 있다.

언제나 그 골목으로 가는 길은
벽과 벽 사이 수다가 한창이었지
화장으로 화려하게 감춘 주름진 얼굴
그 속에서 살아가는 사람들
구불구불 이어진 길 그 끝

유한극장이 사라지고
다리 하나를 사이에 두고
생연 4리를 지나 보산리
얼마나 많은 미군들이
카메라에 담아갔을까

백일홍 접시꽃 맨드라미
평상에 둘러앉아
꽃들의 생김새며 꽃말까지
오래된 담장들이 품고 있는
내밀한 이야기조차 나누던
그 골목길

— <그 골목길> 전문

  시는 다의적이어야 한다. 과학적 문장은 하나의 내용이어야 하지만 시는 읽는 사람마다 다른 느낌으로 감상할 수 있는 여지가 있어야 한다. <그 골목길>은 시 전체의 흐름으로 보아 어린 시절의 추억을 되살리는 현장으로의 도입이다. 그래서 골목길에서 뛰어놀던 이야기를 전개한 것처럼 보인다. 문제는 '화장으로 화려하게 감춘 주름진 얼굴'이 기지촌의 풍광을 연상하게 한다. '화려하게 화장으로 감춘 주름진 얼굴'이 아니라 '화장으로 화려하게 감춘 주름진 얼굴'이 간판으로 화려하게 꾸민 동두천의 이미지와 겹치기 때문에 기지촌이 있는 골목의 풍경이다. 그와 반대로 '벽과 벽 사이의 수다'는 시적 화자의 추억으로 연상케 한다. 시를 전개하는 시 속의 화자와 시의 객관적 상관물이 혼재된 감정이입이 그런 추론을 가능하게 한다.

 2연에서 수많은 카메라로 미군들이 담아간 풍광에는 유한극장도 남아있을 것이고 생연 4리와 보산리를 잇는 다리도 남아있을 것이다. 문제는 마지막 행을 설의법으로 마무리한 것에 대한 의문이다. 그 골목에 머물던 여인들의 웃음소리도 담아갔을 것이라는 추측이다. '백일홍 접시꽃 맨드라미'는 곧 여인들의 이름이자 생김새다. 그래서 '내밀한 이야기조차 나누던' 골목이다. <그 골목길>에는 영문도 모르고 뛰어노는 기지촌 아이들의 일상이 웃음 번지는 골목길에 오버랩되어 영상으로 나타나 있다. 그렇게 어려운 시절을 거치며 이제는 오일장을 기다리는 평온한 일상을 회복했다. 이제는 <동두천 오일장>에서 '중국산이 아닐 것 같은 믿음'을 바탕으로 흥정하는 정겨운 이웃으로 사는 것이다.

 나) 2부 연평도

 2부는 <연평도>로 문을 열었다. 1부에서 살펴보았듯

이 3·8선이라는 지리적 위상이 주는 심리적 불안감이 아직도 공존하고 있음을 전제하기 위해서다. '2010년 11월 23일, 연평도 포격전이 있던 그날/가장 멋진 모습으로 말년 휴가를 떠나던 청년(故서정우 하사)은/마지막 순간 소나무에 해병대 모표만 남긴 채 장렬히 산화되어/돌아올 수 없는 먼 길로 마지막 휴가를 떠났다'며 접적지역은 언제 어디서나 피해를 입을 수 있는 위험을 안고 산다는 경고와 같다. 신문기사와 같은 자세한 보도를 인용한 것은 산화한 젊음의 희생을 잊지 않기 위한 의도로 보인다.

  오늘의 평화는 숱한 젊은이들의 피를 자양분으로 성장했기에 이어지는 <5060, 청춘로드>에서 '숨 가쁘게 살아오느라 놓쳐버린 시간/채울수록 허기지던 젊음은 가고 없지만/누군가는 '야래향' 유년의 추억을 말하고/어떤 이는 '동광극장' 두근거리던 연애의 기억을/그 길 어딘가에 스며있는 청춘을 찾아간다'며 청춘의 기억을 되살려 낸다. 그러나 아름다운 기억은 <연평도>도 인해 단순한 즐거움만이 아니었음을 부연한다. 산화한 청춘들을 잊지 않기 위함인 듯 소녀적인 서정보다 철이 든 어른으로서의 회고다. 그래서 마지막 행의 '생명의 에너지가 충만한 청춘로드에서'가 더 귀하게 읽힌다.

    세월의 무게 견디지 못해
    몇 차례의 보수공사를 거쳐
    연탄보일러

기름보일러
가스보일러
마당을 지키던 펌프도
어느샌가 슬그머니 사라졌다

일상의 뒷전으로 물러난
고단했던 아버지의 행적이
고스란히 남아있던
노란 나무 대문집의 봄날도 가고
유년의 기억은 꿈처럼 아련한데

시집 보낸 셋째 딸 오는 날이면
대문 앞 낡은 의자에
꿈을 꾸듯 기다리시던 아버지
오늘은 명료해지는 기억을 추억하려
대문 앞 의자에 조심 조심 앉아본다
　　　　– <노란 나무대문 집 2> 전문

　아들 잘 키우면 나라에 뺏긴다는 속설이 유행처럼 번지더니 잘난 아들은 국가의 아들, 돈 잘 버는 아들은 사돈의 아들, 빚진 아들은 내 아들이라는 말로 정리되어 회자된 적이 있었다. 아들에 대한 섭섭함은 딸 가진 부모를 부러워하는 단계에까지 이르러 딸 둘에 아들 하나면 금메달, 딸만 둘이면 은메달, 딸 하나에 아들 하나는 동메달, 아들만 둘이면 목메달이란다.
　태생적으로 남자는 성격이 무거워 부모와 자상한 대화

를 나누지 않는 편인데 혼인 후에는 며느리에게 휘둘리는 모습이 졸병처럼 보여 섭섭한 마음이 쌓이기 마련이다. 그래서 그럴까. 대부분의 시인들은 어머니를 추억하며 울먹거리는 시를 많이 쓰는데 아버지를 대상으로 쓴 시는 양념거리처럼 많지 않다.

그런 세태에 <노란 나무대문집 2>는 잔잔한 울림이 있어 감동적이다. 아버지를 추억하는 객관적 상관물로 보일러를 끌어들인 수법이 탁월하다. 시대에 따라 늘어가는 보일러의 변신과 은근슬쩍 사라져버린 펌프의 허전한 마당이 아버지의 모습과 닮아있어 시의 도입이 시선을 끌기에 충분하다.

2연에서는 '노란 나무 대문집'과 '고단했던 아버지의 행적'을 연계하여 유년의 아스라한 추억을 되살려냈다. 꿈처럼 아련한 유년의 기억은 3연에서 딸을 기다리는 아버지의 구체적인 행동과 아버지를 그리워하는 딸의 구체적인 행동으로 맞물려 노란 나무대문집의 의자를 연상케 한다. 그 의자도 낡았기에 조심 조심 앉는 행동이 아버지를 배려하는 마음까지 담겨 있어 정겹다. 딸 없는 이들이 부럽게 읽을 만한 작품, 남자는 늙을수록 딸이 있어야 한다는 말을 실감한다.

아버지에 대한 그리움은 3부의 <당신을 불러봅니다>와 <아버지의 담배>로 이어진다. '노랑, 빨강, 분홍 채송화들/반짝이는 눈으로 기지개를 켜며/햇살 아래 모여앉아 수다를 떱니다//세상사 일이 힘겨울 때마다/고샅길이 생각나/지난날의 길가에 오르면/유년의 꿈이 그 자리에서 웃고 있습니다//작은 마당에 채송화를 심으며/7남매의 가슴에 꽃씨를 받자던/오늘은 당신을 불러봅니다'

<노란 나무대문집 2>의 아버지가 늙어가는 모습에 대한 아쉬움이라면 <당신을 불러봅니다>의 아버지는 꽃밭에서 꽃씨를 받으며 깔깔거리는 딸의 모습에 취한 흐뭇한 모습이다. 그렇게 7남매와 함께 한 아버지는 동글동글한 구름 도넛 속에 앉아 계신다. 담배 연기 속에 보이는 아버지는 언제나 값싼 담배를 피워 절약하시는 모습도 보인다. 그걸 지켜 본 딸은 못내 아쉽다 고급 담배를 피우면 니코틴의 폐해가 덜 할 것이라는 상식으로 아버지의 건강을 염려하는 마음이 나타나 있다. 아버지를 생각하는 마음은 입대한 아들의 <첫 편지>로 이어져 서사적인 사랑의 구조를 엮어냈다. 군대에 간 아들이 입었던 옷을 우편물로 받았을 때와 군생활에 적응해가는 과정에서 보낸 첫 편지를 받았을 때의 느낌은 출산 후 처음 아이를 안아보는 느낌과 비슷하다고 한다. 페미니즘의 편향된 사랑인 듯 딸들이 질투심을 느낄 만한 작품이지만 아들 군대에 보낸 사람이라면 누구나 공감하는 작품이라 울림이 크다.

  '잊혀진 계절'의 멜로디가 카톡 방에서
  이리저리 흩날리는 계절이 되면
  빈 식탁에 앉아
  편지를 쓴다

분주한 일상에 묻혀 지내다 보면
흐른 세월만큼 정겨운 사람들
추억의 책갈피를 넘기듯이
소중한 기억을 더듬는다

어릴 적 동무들, 선생님
작은 아씨, 우주로 떠난 동생
사랑한다고, 사랑한다고
자꾸만 부르고 싶은 이름

오늘도 그녀는 손 편지를 쓴다

(편지가족 우체통 제25집 초대 시)
- <손 편지 쓰는 여자> 전문

   요즈음 아이들의 글씨는 대부분 악필이다. 연필이나 펜으로 글씨를 쓰던 시대는 옛이야기라서 필체가 좋아지리라는 기대는 아예 금물이다. 그저 알아볼 수 있을 만큼 또박또박 쓰는 것만도 다행이다. 예전에는 너나 할 것 없이 모두가 손가락에 힘을 주어 예쁘고 바르게 쓰려 노력했다. 그런데 정성스럽게 쓴 편지를 마음에 들지 않는다고 쭉 찢어버리고는 다시 쓰고, 그러고도 모자라 또 찢는 정성을 반복하면서 문장력이 늘고 필체가 다듬어졌다. 그래서 사춘기의 연애편지는 인간적으로 성숙해지는

데 큰 도움이 되었다.

  학교와 도서관을 순회하면서 손편지 쓰기를 교육하는 지도자로서 컴퓨터와 휴대전화에 익숙한 아이들을 지도하며 이 시도 같이 읽게 하여 손편지의 중요성을 홍보했으면 하는 작품이다.

  편지를 쓰는 중에 떠오르는 사람들, 어릴 적 동무와 선생님, '작은 아씨, 우주로 떠난 동생' 등 편지를 쓰면 잊었던 추억이 새록새록 떠오르기 마련이다, 그러다 보면 먼저 하늘나라로 간 동생도 생각나고 사랑한다는 말 제대로 해주지 못한 친구들에게 분명히 '사랑한다'는 마음을 밝혀 쓸 수 있는 여유도 생긴다. 그러다 보니 식탁도 즐겁고 앉아 글을 쓸 수 있는 카페의 빈 공간 등 어디나 즐겁다. 그래서 '잊혀진 계절'은 잊혀진 추억을 찾아 편지를 쓰는 계절이다.

  사단법인 '한국 편지가족' 서울지회장으로 봉사할 만큼 손편지 쓰기에 남다른 관심을 기울인 눈이기에 체신 업무에는 남다른 관심과 사랑이 있다.

    가끔씩 엄마계신 요양병원 가는 길에 찾아가던
    작은 우체국 동두천 광암 출장소
    2019년 12월 31일 자로 사라졌다
    인근 우체국 현황을 친절하게 알려주는
    커다란 현수막이 참 쓸쓸하다
    한 해에 겨우 몇 번 마음을 나누었을까
    빠르게 잊힐 이름, 붉은 우체통 앞세워

온종일 기다림에 지쳤을 테지
서로 잘 가라 잘 있어라
마지막 인사 나누지도 못하고

때늦은 후회 깨알 같은 손 편지로
그대 마음 돌리기엔 이미 늦어버려서
가야 할 나와
채우지 못한 엽서 한 장
낯선 우체국으로 발길을 돌린다.
　　　　　　　- <우체국이 사라졌다> 전문

　관공서 하나 사라진다고 이렇게 가슴 무너지는 아쉬움을 토로한 시를 보았는가. 이 역시 손 편지를 쓰는 데서 온 관심의 연계성에서 비롯된 사랑이다. 사물에 대한 사랑도 관심에서 비롯되고 관심은 만남에서 사랑으로 꽃피우는 인간관계와 똑같다. '광암 출장소'는 대민 편의성보다 경제성이 이유겠지만 그동안 쌓인 발길을 고스란히 추억으로 묻어버려야 하는 아쉬움에 젖는다. 그래도 '인근 우체국 현황을 친절하게 알려주는/커다란 현수막'에서 위안을 받지만 '참 쌀쌀하다'는 역설로 못내 아쉬운 마음을 토로한다. 그래서 '서로 잘 가라 잘 있어라/마지막 인사 나누지도 못하고' 보내야 하는 이별을 수용한다. 낯선 이를 만나듯 새로운 우체국으로 발길을 돌려야 하는 아쉬움은 3연에서 밝혔다. '때늦은 후회 깨알 같은 손 편지로/그대 마음 돌리기엔 이미 늦어버려서/가야 할 나와/채우지 못한 엽서 한 장' 출장소를 계속 유지해 달라는 건의서라도 써본들 이미 늦은 상황임을 알았기에 아쉬움이 더 크다. '가야 할 나와/채우지 못한 엽서 한 장'이 드라마의 한 장면으로 송출된다면 공감하는 독자의 훌쩍이는 소리가 들릴 만하다. 옛 임의 흔적을 지우고 새 임을 찾아야 하는 어색한 분위기는 낯선 우체국으로 발길을 돌리는 장면으로 충분하다.

다) 3부 가을 보문사

3부에는 독립운동가 이상설 선생의 행적이 남아있는 연해주를 답사하고 우수리스크의 수이푼강 유역에 있는 유허비 앞에서 쓴 추모시를 올렸다. 더불어 2014년 6월에 동두천 출신의 의병장 송천 김연성 열사의 제1회 추모제의 헌시도 올렸다. 동두천이라는 지역이 안고 있는 애국적 유전자는 전쟁과 역사를 소재로 한 문학으로 면면히 이어져 왔음을 방증한다. 그만큼 시의 영역이 확장되었다는 의미이기에 다방면에 걸친 손순자 시인의 능력이 돋보이는 부분이다. 그래도 세월은 어쩔 수 없다. 왕성한 활동 중에 맞이한 갱년기는 자신의 몸으로 시선을 돌려야 한다.

    그녀의 수다가 늘어났다
    여자의 시대를 이제 막 건너
    아직은 지는 해를 보고 싶지 않은데

내면을 뒤흔드는
가파른 산길 오르듯
살아온 젊은 날은 가고

허리, 무릎, 어깨의 통증
깊은 상실감 안겨주는
변화를 어쩌란 말인가

꽃 진 그 자리에 열매가 맺히듯
거부할 수 없는 세월
구름이 산을 넘는다
　　　　　－〈갱년기에 길을 묻다〉 전문

　여성이 여성스럽게, 또는 여성답게 사는 것은 천부의 복이다. 젊은 날에 의식하지 못했던 상황들이 몸의 곳곳에서 아프게 나타나고 하루 하루가 선물이라느니 건강이 최고의 복이라는 말들이 주변에 날아들 무렵이면 이미 그 말을 전해주는 이웃부터 여성의 강을 건너는 중이거나 이미 건넌 사람으로 여성다움을 잃어가는 사람이다. 나이 들면 혈기가 입으로 간다는 말이 허언이 아니라는 것도 이 시절에 수긍한다. 쓸데없이 말수가 많아지는 것을 '수다'라 하지만 쓸데없는 말은 아니다. 몸 상태가 변함에 따라 화제의 영역이 넓어진 탓이다. 그만큼 겪은 일이 많아 할 말도 많아진 것이다. 그중 대표적인 것이 손자 손녀 사랑이다. 자식이나 며느리 자랑하는 경우도 있지만 남편은 대부분 자랑이 아닌 험담의 대상이다. 그렇게라도 수다를 떨며 지내는 것이 정신건강에 도움이 되므로 갱년기의 수다는 바람직한 일이다.

손순자 시인은 갱년기에 찾아드는 증상을 문화적으로 해결하는 방법을 찾았다. 갱년기에 길을 묻는 해결책을 시로 승화하여 정신까지 건강해지는 길을 찾은 것이다. 엉뚱한 고통이 온몸을 들쑤실 때 그 아픔을 가슴에 품고 깊게 숙성한 만큼 완벽한 시로 탄생시켰다.

<갱년기에 길을 묻다>는 본 시집 전체를 아우르는 압권이기에 갱년기는 손순자 시인에게 커다란 선물을 안겨준 셈이다. 기승전결에 적용되는 4단 구성의 전개가 시의 완성도를 높였고, 세월에 반항하듯 '허리 무릎 어깨의 통증/깊은 상실감 안겨주는/변화를 어쩌란 말인가'라는 3연의 설의적 처리가 아직 야무진 체력이 남아있음을 밝히는 자기 다짐의 확인이라 당차다.

1연에서부터 나타나는 부적응[起]은 '여자의 시대를 이제 막 건너/아직은 지는 해를 보고 싶지 않은데'라는 여운으로 시상을 열어놓았다. 그렇게 문을 열어놓으면 다음 상황을 기다리는 궁금증을 자극하기에 독자는 연속 드라마의 다음 편을 기다리듯 궁금해한다. 2연의 승(承)에서 고조시킨 궁금증은 '허리 무릎 어깨의 통증/깊은 상실감'이라고 밝히며 세월에 저항하는 것이다. 내용상으로는 3연이 승(承) 2연이 전(轉)에 해당하지만 4연의 결(結)에 이르는 과정이 매끄러워 오히려 시상을 돋보이

게 하기도 하는 매력이 있다.

  거부할 수 없는 세월, 그에 적응해야 하는 몸짓은 신선의 경지에서 해결한다. '꽃 진 그 자리에 열매가 맺히듯/ 거부할 수 없는 세월/구름이 산을 넘는다' 볼수록 매끄럽고 예쁘게 화장한 여인을 보듯 시선까지 신선해진다. 그래서 <호박꽃> <가끔씩>에 보듯 갱년기 이후의 삶도 고우리라는 짐작이 가능하다.

     어느 하루
     열린 가슴으로
     벌 한 마리 찾아들어
     오래
     달콤한 네 사랑에 취했었지

     마지막 순간
     단아한 모습으로
     이별을 말하기 전까지
     오래
     눈부신 네 사랑에 취했었지
                 - <호박꽃> 전문

     그대여
     우리 가끔씩은 안부를 묻자
     바람에 실어 보내거나
     잔잔한 미소이거나
     오랜 이별 뒤에 만나도

낯설지 않게

　　그대여
　　우리 가끔씩은 안부를 묻자
　　이 세상 의미를 두는 한 사람
　　손길 닿지 않는 곳에 있어
　　그 절망감으로 무관해져서
　　다시 모르는 사이가 되지 않게
　　　　　　　　-<가끔씩> 전문

　<호박꽃>은 아직 진행형의 사랑이다. 꽃을 찾아 날아든 벌, 그 벌은 열린 가슴에 안겨 세월을 잊었지만 그를 가슴에 품은 꽃은 마지막 순간을 염려한다. 가장 행복한 절정의 순간에 이별을 걱정한다는 통념이 호박꽃에서 나타난 것이다. 그래도 단아한 모습을 잃지 않으려는 노력은 여성다운 맵시를 잃지 않으려는 몸가짐이라서 모두가 아름다워 보인다. 요즈음의 문인들은 '늙은 호박'이라 하지 않는다. '잘 익은 호박'으로 예우한다. 늙도록 천천히 익어 눈부신 사랑에 취하기를 기원한다.

　이어지는 <가끔씩>은 <호박꽃 2>라 해도 좋을 만한 작품이다. '오랜 이별 뒤에 만나도/낯설지 않게' '손길 닿지 않는 곳에 있어/그 절망감으로 무관해져서/다시 모르는 사이가 되지 않게' '우리 가끔씩은 안부를 묻자'며 청유형 문장으로 시작하는 다짐이 꼭 나에게 던지는 약속

인 듯 착각하게 한다. 어차피 손순자 시인은 인연을 중시하는 원만한 인격이라서 누구에게나 환영받는 시인이기 때문이다. 그래서 2024년 1월 24일에 '대한민국 탑리더 인물대상 시상식'에서 수필문학부문 대상을 수상했다. 그렇게 대한민국을 빛낸 문인이 <가끔씩>에서 보이듯 따뜻한 안부를 물어오면 얼마나 반가운 일인가. 두 손 들어 환영할 만한 일이다.

라) 4부 해룡산에 핀 꽃과 5부 돌탑

여행은 시재(詩材) 사냥에 필수적인 요소다. 낯선 곳에서 느끼는 감성들이 시로 재생되기까지 시인은 비어있는 뇌나 메모지에 기록하고 그 느낌을 하나씩 불러내 시로 되살려낸다. 문인단체가 정기적으로 문학관을 찾거나 지방의 문화재를 답사하는 것도 시재를 찾는 행위다. 4부에서는 동두천에서 쉽게 찾을 수 있는 해룡산에서 <해룡산에 핀 꽃>을 사냥하고 태안에 다녀와서는 <신두리 해안에서>를 완성했다. 그러나 여행은 시야가 넓을수록 많은 견문을 쌓을 수 있기에 해외 나들이도 감행해야 한다. 현장에서 느끼는 이국적인 풍물과 그곳에 사는 사람들의 문학과 예술을 감지하는 것이 <백향과 패션프루트(Passion Fruit)>와 같은 작품 생산에 도움이 되기 때문이다. 그러다 보면 서시로 올린 <막차>와 같이 순간의 선택에서 방황하는 조마조마한 경우도 있으나 그것조차 풍요로운 여행의 결과물로 나타난 것이다.

문제는 갱년기를 넘긴 여성의 무모한 자신감이 어설픈 방향감으로 나타나는 점이다. <잊어버린 그 길>에서 보인 방황이 독자를 걱정스럽게 한다.

> 오래 전 기억을 더듬으며 찾아가는 길
> 아무런 망설임 없이
> 출구를 빠져나왔지만
> 보이지 않는다, 그 커피집
> 얼마쯤 더 걸어봐도 낯선 길
> 약속한 시간이 지나고
> 출구를 착각했다는 생각이 들 때쯤
> 전화벨이 울렸다
> 오던 길 되돌아 다시 전철역에서
> 희미한 기억속 출구로 나오니
> 익숙한 건물들이 보인다
> 잠시 나의 방황도 끝, 직진이다
>   - <잊어버린 그 길> 전문

수필을 쓰듯 시간의 흐름에 따른 추보적 진술이 독자를 편안하게 한다. 누구나 당할 수 있고 그렇게 해본 경험이 있기에 동일시의 감정이입도 쉽게 이루어진다. 그러나 걱정은 애교스러운 장면으로 웃어넘길 수 있다. 그간의 여차여차한 일들을 다 잊고 안심할 수 있는 진술이 보이기 때문이다. '잠시 나의 방황도 끝, 직진이다'는 마지막 행이다. 시는 열린 시상으로 마감하거나 설의적 의문으로 마무리하여 독자 몫의 상상을 남겨두는 것이 좋은 시다. 그런데 <잊어버린 그 길>에서는 단정적으로 마감하여 더 이상 논의의 여지를 막아버렸다. 자신감의 표현이다. 때로는 그렇게 단정적인 마감이 좋을 수도 있다는 것을 보여준 시라서 반갑다.

>겨울눈을 감싼 채
>바짝 마른 잎 떨구지 못하고
>한겨울 삭풍을 견디고 있더니
>새봄이 되어 잎눈이 부풀면
>그제서야 마른 잎을 떨구는 너
>
>겨우내 가지에 처절하게 매달린 너의
>숭고한 뜻을 헤아리지 못한 채
>삶의 집착에서 벗어나지 못한
>구차한 연명의 몸짓인 줄 알았는데
>고결한 네 뜻 알고 나니 부끄럽구나
>　　　　　-<단풍나무에게> 전문

　사물을 사물 그 자체로 읽으면 문학은 탄생하지 않는다. 물활론(物活論)적 애니미즘이 작용할 때 예술이 풍부해지고 시가 윤택해진다. 선사시대부터 내려온 애니미즘은 한때 원시종교로 터부시했으나 현대에는 예술인이 사물을 대하는 태도로 인식되고 있다. 특히 시인은 사물 하나, 하나를 관조하며 이룬 교감을 시로 표현하기 때문에

절대적인 요소다. 그래서 <단풍나무에게>와 같은 시가 자연스러운 감동으로 다가오는 것이다.

 은행나무는 화끈하게 젊음을 불사르고 자취를 감춰버린다. 하늘이 높다 싶은 늦가을의 어느 날 바람이 회오리치면 은행나무는 모든 잎을 떨구고 앙상하게 서있다. 겨울을 맞을 준비가 후련하다. 그런데 요즈음 새로 심은 단풍 가로수는 한겨울에도 잎이 지지 않고 마른 모습으로 달랑거린다. 플라타너스의 너른 잎도 후적후적 매달린 모습이 눈에 거슬리는데 손순자 시인은 여기에도 자상한 사랑의 눈빛으로 관찰한다. 새봄에 터질 눈을 보호하기 위해 삭풍을 견딘다는 것이다.
 '겨울눈을 감싼 채/바짝 마른 잎 떨구지 못하고/한겨울 삭풍을 견디'는 모습, 그러더니 '새봄이 되어 잎눈이 부풀면/그제서야 마른 잎을 떨'군다고 예리한 관찰을 시화했다. 예전에는 깔끔하지 못한 마무리에 시선이 곱지 않았으나 2연에 들어 그 깊은 뜻을 헤아리지 못한 자신이 부끄럽다고 고백한다. 나무에 대한 공경심이다.

  산자락 아래
  보잘것없는 돌멩이 하나
  그대와 내 손에 잡히는 순간
  하나의 의미가 됩니다

  누군가의 기도로 높다란

그 맨 꼭대기에
두 개의 새로운 바람이
쌓입니다

기다림을
그리움을
말 없는 언약으로
낯선 길 위에 남겨둡니다

-〈돌탑〉 전문

 김춘수의 〈꽃〉은 존재의 의미를 확인하는 시다. 〈돌탑〉 역시 존재의 의미가 살아나는 돌멩이의 가치를 확인하는 시다. 김춘수의 〈꽃〉은 홀로 깊은 사색의 결과로 발견한 의미지만 손순자의 〈돌탑〉은 협력하여 존재의 의미를 살려가는 노력의 결과물이라는 데 차이가 있을 뿐 본질은 같다. '보잘것없는 돌멩이'지만 '그대와 내 손에 잡히는 순간/하나의 의미가' 된다는 진술이 외로운 사색의 길을 따뜻하게 인식한다. 그것은 2연에서 의식적으로 밝힌 '두 개의 새로운 바람'이 보완한다. 누군가가 쌓은 돌탑에 부부가 하나씩 돌멩이를 올리며 소원을 빌었을 정경이 강한 시각과 청각의 겹친 이미지로 다가온다. 그것은 결국 기다림과 그리움의 실체다. 그 낯선 길 위에 남겨진 소망은 다른 사람이 이루어도 좋다. 누군가의 기도가 이미 쌓여 있었기 때문이다. 그 위에 돌 하나 얹은 간절함, 답이 없는 허언과 같은 언약을 믿고 돌아서는 것이 토테

미즘의 신앙과 같은 순수한 모습으로 정겹게 다가온다.

마) 6부 가을

 6부는 '선물처럼 오는 가을이 오고 있다'는 반가움으로 문을 열었다. 온난화로 지구가 병들었다 해도 계절은 변함없이 가고 오는데 그것을 선물처럼 여기는 것은 시인의 감성이다. 젊은 날에는 해 뜨면 새날이요 봄이 가면 여름이 오는 순리를 별스럽지 않게 일상으로 받아들이지만 나이가 들면 무정한 세월을 곱게 받아들이기 위해 '선물'이라는 말로 미화한다. 그런 중에 가을을 선물로 받아들인 손순자 시인은 나이 들어가는 감각의 무상에 젖어든 것이 아니라 내 고장의 명소를 찾아 가을의 정취에 푹 빠져드는 여유를 노래했다. <화지마을>에서 전쟁의 폐해를 이겨낸 이웃의 정겨운 풍경을 생기 있게 그리기 위해 선물처럼 다가온 가을을 노래하고 있다.

> 화전리와 천황지리를 합쳐 만든 동네
> 한국전쟁 이후 수복지역이 된 화지리에
> 판자촌과 주택들이 얼기설기 들어서고
> 골목엔 가득 아이들의 웃음소리
>
> 사방으로 흩어졌던 사람들이 다시 모여
> 무성한 잡초를 걷어내고
> 오래된 골목길도 매끈히 정리하니

바삐 가던 햇살이 돌담에서 쉬어간다

  따스한 손길들이 오순도순 힘을 모아
  꽃다운 이야기로 조성한 평화의 정원
  메말랐던 화지마을 사람들 가슴에
  생기 있는 활력이 꽃처럼 피어난다
  　　　　－<화지마을> 전문

 폐허처럼 버려진 곳에 사람이 모이고 아이들의 웃음꽃이 골목길을 채우면서 마을은 달라지기 시작했다. 수복지역은 전쟁으로 인해 북쪽에 빼앗겼던 땅을 휴전협정을 맺기 전에 싸워서 다시 빼앗은 지역을 말한다. 그만큼 전쟁의 상흔이 많아 폐허가 된 땅이었다. 전쟁으로 살 수 없이 버려진 땅, 그러나 그곳에서 나고 자란 사람은 고향을 잊을 수 없어 다시 돌아올 수밖에 없다. 그래서 화지리에 생기를 불어넣기 시작했다. '화전리와 천황지리를 합쳐 만든 동네'라는 역사적 배경을 제시한 것은 그만큼 역사적 유래가 있다는 자부심이자 내 고장에 대한 사랑과 관심이 지대하다는 증거다.
 본향으로의 회귀, 그것은 단순히 삶의 터전을 옮겨온 것만을 뜻하지 않는다. 판잣집을 짓고 얼기설기 비좁게 마을을 회복했어도 '따스한 손길들이 오순도순 힘을 모아/꽃다운 이야기로 조성한 평화의 정원'이 없으면 의미가 없다. 힘들게 겪었던 어려움들을 꽃다운 이야기로 승화해 낼 수 있는 공공의 장소가 있어야 다시 옛정을 나

눌 수 있는 터전의 복원인 것이다.

  1연과 2연에서 보인 구체적인 복원작업활동의 결과는 바삐 가던 햇살이 돌담에서 쉬어가는 지상의 낙원으로 변했다. 오늘의 경제적 여유와는 전혀 다른 인정의 교류가 이루어졌던 시절이다. 가난도 즐거웠던 시절, 그때를 아름답게 추억할 수 있는 <화지마을>의 정경이 눈에 선하다.

  이제는 번지점프대 앞에서 '용기/자유/사랑/설렘/불안/안주'를 선택해야 하는 도약의 여유까지 찾았다. <번지점프를 하다>에서 '언제 다시, 이 자리에 설 수 있을까/지금 이 순간 필요한 건 용기'라며 불안과 설렘 등을 떨쳐내고 용기가 답이라는 최종 결론이 동두천인들에게 꼭 필요한 명제임을 전제했다. 애향심의 시적 승화가 단순한 추상명사의 나열로 행을 이루지만 그 행간에 흐르는 심리적 갈등은 지난날 어려움을 이겨낸 바탕이 크게 도움이 되었음을 암시한다. 그래서 시상을 마감한 용기는 <신망리역>에서와 같은 잔정을 잊어버리고 아무리 아쉽고 어려운 일이라도 참고 이겨내야 하는 모든 동두천인들의 건곤일척과 같은 선택이 필요한 시기가 되었다.

    더 이상은
    다가 설 수 없는 거리

    차마 하지 못한

말들을 남긴 채

마침내
잊어버릴 것만 같은

네 손길
그 음성
-<서툰 사랑> 전문

조선 선조시대에 전설과 같은 문명(文名)을 날린 여류 시인 이옥봉이 있었다. 황진이의 시로 알려진 '꿈길밖에 길이 없어 꿈길로 가니 그 임은 나를 찾아 길 떠나셨네'라는 <상사몽(相思夢)>의 원본으로 알려진 <몽혼(夢魂)>의 원작자다. 황진이의 명성에 가려 잘 알려져 있지 않으나 조선 여인의 한과 처절한 삶을 담은 명시는 중국에서 먼저 시집으로 발간했을 정도다. 그 시들은 다시 일본으로 건너가 일본인들이 애송하여 일찍이 국제적인 문명(文名)을 날린 여인이다. 그 절절한 그리움과 한은 허난설헌, 매창, 부용 등과 함께 조선 여류문학사의 중심을 이루고 있다.

近來安否問如何(근래안부문여하)
요즈음의 안부를 묻노니 안녕하신지요?
月到紗窓妾恨多(월도사창첩한다)
달 비친 사창(紗窓)엔 제 한도 많습니다.

若使夢魂行有跡(약사몽혼행유적)
꿈속의 넋에게 자취를 남기게 한다면
門前石路半成沙(문전석로반성사)
문앞 돌길의 반은 모래가 되었을 겁니다.

- 사창(紗窓) 여인의 방에 있는 창문

 이선희가 불러 애틋한 사랑을 노래한 '알고 싶어요'가 황진이의 〈상사몽〉을 각색했다고 하지만 결국엔 이옥봉의 시심을 패러디한 내용으로도 보인다. 손순자 시인의 〈서툰 사랑〉에 곡을 붙여 가곡으로 불리면 못다한 사랑을 노래한 황진이와 이옥봉의 계보의 시인으로 자리잡을 듯하다.
 1연에서 보인 망설임은 심수봉의 '나는 여자이니까'의 수준일까. 2연에서는 그 거리를 유지한 채 머뭇거리는 언어가 독자의 궁금증을 증폭한다. 그러더니 3연에서는 '마침내/잊어버릴 것만 같은' 경지에 이르렀다. 차마 뱉어내지 못한 언어는 곧 속내를 털어놓지 못한 속앓이다. 4연에서 구체화된 이미지는 사랑의 대상을 가리킨다. '네 손길'과 '그 음성'으로 대신한 시적 화자의 대상은 술로 밤을 새우는 옥봉의 소극적 전이와 황진이의 사랑을 찾아 나서는 적극적 전이의 변형으로 나타난다. 꿈속에 당신을 만나러 갔던 내 영혼이 발자국을 남겼다면 집 앞의 돌들이 모래가 되었을 것이라는 독백처럼 손순자 시인의 사랑은 차마 토로하지 못하는 나만의 사랑이 있음을 고백한 것이라서 페미니즘의 역설적인 묘미가 있다.

맺음말

뉴욕 문학의 퍼스트 레이디로 숭앙받는 수전 손택(1933~2004)은 『타인의 고통』에서 타인의 아픔이나 고통에 대해 얼마나 깊게 공감하는지에 대해 집중 조명했다. 전쟁의 폐해를 사진으로 찍어 전달하는 현장을 어떤 시각으로 보는가에 대한 견해는 '내가 아니라서 다행'이라는 일종의 관음적 시각이 있다고 분석했다. 교통사고 현장을 그냥 지나치지 않고 속도를 줄여 구경하는 심리가 일견 타인의 고통을 즐기는 일면이 있다는 것과 같은 지적이다.

동두천은 그 어느 곳보다 심한 전쟁의 아픔을 최근까지 안고 살았는데 그 어느 지자체에서, 그 어느 지역의 민초들이 진정한 내 아픔으로 공감하며 협력했는지 살펴보라는 의미다. 수전 손택은 카메라 후레쉬를 터뜨리는 것은 총알을 쏘는 것과 같다며 초창기 종군기자의 허위를 담은 사진을 질타하기도 했다. 요즈음에는 전쟁도 생중계되어 타인의 고통에 면역이 된 상태다. 더구나 911 테러의 끔찍한 사고를 본 이후로는 웬만한 사고에도 크게 충격을 느끼지 않는다.

그러나 현장에서 피해를 입은 사람들은 하늘이 무너지고 땅이 꺼지는 슬픔을 통곡한다. 그 어떤 위로로도 풀리지 않는 아픔을 안고 산다. 동두천이 그랬다. 그 아픔을 치유하느라 오랜 세월을 견뎌야만 했다. 최근에야 주둔 병력이 철수하고 대신 대학 캠퍼스가 들어서며 제2, 제3의 <화지마을>을 일궈내고 있어 다행이지만 그 아픔은 아직도 곳곳에 남아있다.

어떤 방법으로든 주민들이 협력하여 아버지가 앉았던 의자의 흔적을 살려내고 <소요산 연가>에 빠져 <서툰 사랑>을 성숙한 사랑으로 발전시켜 간다면 동두천은 한반도 평화의 허리(허브)가 되리라 확신한다. 그래서 손순자 시인의 『동두천 아리랑』은 역사의 사료적 가치를 지닌 시집으로 문화사적 의미가 크다.

그런 지역적 특성을 시화하면서도 개인적인 서정을 <갱년기에 길을 묻다>와 같은 명품 시를 생산하며 애향심을 담아낸 시작(詩作) 활동에 응원의 박수를 보내며 시집 출간을 축하한다. 더불어 동두천의 역사 자료를 담아낸 노고에 감사드린다.

2024. 2. 1.
문형산 기슭 천수재에서 샘물 강기옥

동두천 아리랑

1판 1쇄 : 2024년 3월 11일

지은이 : 손순자
펴낸이 : 김정현
펴낸곳 : gaon

주 소 : 경기도 문학창의도시 부천 길주로 460, 1106호
전 화 : 032-342-7164
팩 스 : 032-344-7164
E-mail : kjsh2007@hanmail.net /906kjh@naver.com

출판등록 : 2011. 7. 14
ISBN : 979-11-90673-56-3(03810)
값·12,000원

무단전재와 복제를 금합니다.
도서출판 가온은 농인聾人과 함께합니다.
잘못된 책은 본사나 서점에서 교환해드립니다.

이 책은 한국문화예술인복지재단의 지원을 받아 출간하였습니다